I0571655

QUI PEUT LA TROUVER

« Elle a bien plus de valeur que les rubis » Proverbes 31 :10

Thashiana Moonegan

Library of Congress Control Number:
2024920987

Copyright © 2024 by Thashiana Moonegan

All rights reserved.

Table des Matières

Introduction... 4

Chapitre 1: La Vertu.. 6

Chapitre 2: Digne de Confiance 10

Chapitre 3: Bienveillante et Soumise 13

Chapitre 4: Laborieuse et Dévouée.................. 19

Chapitre 5: Sacrificielle et Serviable 23

Chapitre 6: Intelligente et Ingénieuse............. 27

Chapitre 7: Déterminée et Vaillante................. 31

Chapitre 8: Généreuse et Compatissante 35

Chapitre 9: Confiante et Foi en Dieu............... 40

Chapitre 10: Sage et Aimable 44

Chapitre 11: Responsable et Consciencieuse... 48

Chapitre 12: Bénie et Digne d'éloges.............. 52

Chapitre 13: Crainte de Dieu 55

Conclusion 59

Introduction

Proverbes 31 est un chapitre de la bible inspiré des instructions d'une mère données à son fils qui était Roi et qui s'appelait Lemuel. Cette mère était inspirée et avait reçu l'oracle de Dieu pour instruire son fils et le redresser dans la piété. À partir du verset 10, on décrit dans ce chapitre, la femme pieuse qui semble être un idéal, impossible à atteindre. Il est important de comprendre que la femme vertueuse illustrée dans ce texte n'existe pas : c'est un exemple fictif des qualités qu'on doit rechercher en réalité chez une femme. C'est un oracle, prononcé par une mère, reçu dans le cœur d'un fils et qui fait maintenant partie des Saintes Écritures. Même si cette illustration ne doit évidemment pas être interprétée littéralement, Dieu appelle les femmes à s'efforcer pour acquérir les vertus qu'elle cite. C'est l'exemple parfait de comment une femme, selon le cœur de Dieu devrait être.

Philippiens 3 :12 : « Ce n'est pas que j'aie déjà remporté le prix, ou que j'aie déjà atteint la perfection ; mais je cours, pour tâcher de le saisir, puisque moi aussi j'ai été saisi par Jésus-Christ. Frères, je ne pense pas l'avoir saisi ; mais je fais une chose : oubliant ce qui est en arrière et me portant vers ce qui est en avant, je cours vers le but, pour remporter le prix de la vocation céleste de Dieu en Jésus-Christ. Nous tous donc qui sommes parfaits, ayons cette même pensée ; et si vous êtes en quelque point d'un autre avis, Dieu vous éclairera aussi là-dessus. Seulement, au point où nous sommes parvenus, marchons d'un même pas. »

Chapitre 1

La Vertu

"Qui peut trouver une femme vertueuse ? Elle a bien plus de valeur que les rubis". Proverbes 31 :10

C'est quoi la vertu ?

La vertu est une disposition habituelle qui porte à faire le bien et à fuir le mal. Elle a pour synonymes : Chasteté, Pureté et Retenue. De plus, venant du mot latin *Virtus,* ce terme renvoie particulièrement aux notions de vaillance, fermeté, honneur et loyauté. La virtus implique aussi une capacité à se comporter avec sagesse et prudence pour le bien collectif, ainsi qu'une aptitude à faire preuve de sobriété et de droiture dans les relations avec les autres. Ainsi une citation de Jean de la Fontaineux : « *La force du lion et la ruse du renard ne sont rien comparées à la virtus qui habite l'âme d'un homme juste* ». Mais il faut comprendre que la vertu n'est pas uniquement un type d'agissement dans une circonstance donnée, la vertu est spécialement une force individuelle qui se construit avec le temps et qui s'affirme dans la durée. Elle s'appuie sur une œuvre constante contre son contraire, contre la faiblesse, contre la déloyauté, contre ce qui peut en effet devenir un vice.

Dans ce cas, une femme qui a des vertus est décrite comme « vertueuse ». Elle est inspirée par de nobles sentiments et humbles actions en s'efforçant de garder un cœur pur. Elle n'est pas parfaite mais s'impose le devoir de courir vers la sainteté. Dotée d'une immense volonté à plaire à Dieu, elle ne porte pas ses regards vers ses limites, mais dans sa force en Christ. De ce fait, elle est considérée comme valeureuse aux yeux de Dieu, comme ayant plus de valeur que les rubis.

Mais de quelle façon sont formés les rubis ?

Le rubis est une pierre précieuse très rare, surtout dans sa qualité la plus délicate. Ces pierres sont les plus dures et les plus résistantes au monde suivant le diamant. Les rubis sont conçus par une forte chaleur et température ainsi par une forte pression à l'intérieur d'un calcaire riche en argile tiré profondément dans la croûte terrestre. Les pierres précieuses sont plusieurs fois mentionnées dans la Bible, en association avec des particularités comme la beauté et la sagesse. Dans Esaïe 54 : 12, on voit comment les pierres précieuses sont citées pour qualifier en perfection et éclat les bénédictions de Dieu. Leurs valeurs sont illustrées comme inestimables et incomparables à toutes les fois qu'elles sont évoquées dans la bible. *« Voici, je garnirai tes pierres d'antimoine, Et je te donnerai des fondements de saphir ; Je ferai tes créneaux de rubis, Tes portes d'escarboucles, Et toute ton enceinte de pierres précieuses. »*

Et comment se relate cette pierre précieuse à la femme vertueuse ?

Tout comme la pierre précieuse est formée sous de rudes conditions environnementales ainsi la femme vertueuse est conçue par une force extérieure. Parvenant de la terre, cette femme se forme progressivement petit à petit pour s'affermir dans la vertu. Sa force c'est le Saint Esprit. La grande pression et la haute température sont des épreuves qu'elle fait face quotidiennement pour se rapprocher de Dieu. Elle combat sans relâche sa propre nature. Elle s'efforce, elle persévère et ne baisse pas les bras, face à de multiples tentations qu'elle peut rencontrer. Elle se concentre sur des pensées chastes et justes et élimine de leur esprit les pensées indignes qui pourraient finir par des attitudes contraires à la parole de Dieu.

Elle marche vers la sanctification et met ses désirs ainsi que sa volonté journellement à mort. Pourquoi ? Pour simplement plaire à son Dieu et s'abandonner entièrement à un seul but : ressembler à celui qui est mort pour elle sur la croix, à celui qui a payé le prix à sa place, Jésus Christ. Est-ce que c'est facile ? Non. Elle peut faillir ? Absolument. Est-ce qu'elle vit dans le péché ? Pas du tout. Elle prie sans cesse pour avoir la force de résister au péché et se repent rapidement. Son amour pour Dieu est le moteur de sa dévotion et son sacrifice. C'est l'encens qui montre vers Dieu et elle est décrite comme vertueuse portant cette inestimable valeur.

Parfois, on est tellement abrités par les soucis de la vie que nous omettons l'appel de Dieu sur notre vie. On oublie pourquoi le Seigneur nous a sauvés. On oublie que le salut ne s'arrête pas là et on se laisse emporter par le naturel. On s'affaiblie face à nos faiblesses et on croit que les épreuves sont étrangères à la vie chrétienne. Mais c'est justement dans

Chapitre 3

Bienveillante et Soumise

« Elle lui fait du bien, et non du mal, Tous les jours de sa vie
» Proverbes 31 :12

Selon Martin Luther King « La bienveillance est une force tranquille qui transforme les cœurs. » Par définition, la bienveillance est un comportement altruiste et positif envers quelqu'un. Elle se manifeste par une aspiration sincère de contribuer au bonheur, à la réussite et au bien-être de ce dernier. Ce concept engage l'empathie, c'est-à-dire la disposition à concevoir et partager ses sentiments. Cette faculté permet aussi de le soutenir et l'encourager, sans ordonnance ni critique.

La bienveillance s'exprime aussi à travers le respect, l'écoute et la considération des besoins et des aspirations de cette personne. Cela défend l'ouvrage de relations agréables, établies sur la loyauté et une coopération réciproque.

Comment la femme est appelée à faire du bien à son mari ?

Une première réponse à cette question se trouve dès le commencement de la création. *Genèse 2 : 18 L'Eternel Dieu dit : Il n'est pas bon que l'homme soit seul ; je lui ferai une aide semblable à lui.* La femme a été créée pour aider son mari et le terme « aide » en hébreux est « Ezer ». En français, ce mot signifie « support » qui dans une maison est la poutre centrale de soutien de la structure et du plancher supérieur. Le toit lui est le symbole de l'homme, de la protection, du chef de famille, duquel tout doit dépendre.   Et de là vient le deuxième point : la Soumission.

1 Corinthiens 11 :9 « et l'homme n'a pas été créé à cause de la femme, mais la femme a été créée à cause de l'homme »

En tant qu'aide, la femme n'impose pas, mais elle soumet sa volonté à celle de son mari. Son rôle est de soutenir et conforter son mari pour que la maison soit solide et équilibrée. Elle est appelée à épauler son mari dans son travail. Elle n'est ni devant ni derrière l'homme, mais à ses côtés où Dieu l'a placée. *Genèse 2 :22 « L'Eternel Dieu forma une femme de la côte qu'il avait prise de l'homme, et il l'amena vers l'homme. »* Le plan de Dieu est que chaque femme retrouve l'homme « duquel elle a été prise ». Après sa création, Dieu a créé la femme pour l'homme car celui-ci ne devait pas être seul et la femme est essentielle à l'homme. Le mot homme en hébreu se traduit comme *iche* et le mot femme *icha* qui signifie « tirée de l'homme », qui veut dire que l'homme et la femme sont donc liés.

Revenant à la soumission, ce terme est très mal interprété par notre société aujourd'hui. Présentement la femme est poussée à être indépendante vis-à-vis de l'homme, et la société l'encourage à désobéir à Dieu en s'éloignant de son plan et inverse l'autorité que Dieu a établie. Cela fait que certaines femmes se retrouvent à la place que Dieu a prévue pour l'homme et c'est ainsi que le désordre s'établisse. L'ordre de Dieu est que la femme ne doit jamais prendre la place de son mari même si ce dernier est faible. La vérité est que l'homme reste le chef de la femme. En laissant le mari prendre sa place, la femme contribue grandement à son bonheur et son épanouissement en Christ.

« Je veux cependant que vous sachiez que Christ est le chef de tout homme, que l'homme est le chef de la femme, et que Dieu est le chef de Christ » 1 Corinthiens 11 :3

« Femmes, soyez soumises à vos maris, comme au Seigneur ; car le mari est le chef de la femme, comme Christ est le chef de l'Eglise, qui est son corps, et dont il est le Sauveur. Or, de même que l'Eglise est soumise à Christ, les femmes aussi doivent l'être à leurs maris en toutes choses. » Éphésiens 5 :22

Alors, la soumission d'une femme envers son mari est la soumission envers Dieu par obéissance à Sa Parole. C'est un attribut extraordinaire auquel elle doit aspirer parce qu'il fait reposer sur elle la puissance de Christ et fait d'elle une collaboratrice du Saint-Esprit.

Mais on se pose la question, est-ce que la femme est l'esclave de son mari ? Est-ce qu'il faudra qu'elle lui obéisse au doigt et à l'œil ? La soumission dont Dieu nous parle dans ces versets ne sont rien d'autres que de l'humilité et du respect. La femme a une ample valeur devant Dieu, mais elle doit respecter sa place et sa fonction.

Le texte de Galates 3 : 26-28 rappelle qu'il n'y a plus « *ni homme ni femme* ». Ce verset n'efface ni les différenciations ni les rôles : il relève simplement que devant Christ et en Christ, il y a une parfaite parité. C'est d'ailleurs le cas déjà sur le plan de la création : l'homme et la femme ont été créés semblables, mais distincts.

Spirituellement, une femme n'est pas non plus inférieure. Elle est une aide formidable pour son mari, pour l'encourager dans sa foi et faire de lui un meilleur chrétien. Cependant, son but est d'encourager son mari à prendre ses responsabilités aussi dans ce domaine du « leadership » spirituel.

Mais comment se soumettre et faire du bien à un homme incroyant ?

« Femmes, soyez de même soumises à vos maris, afin que, si quelques-uns n'obéissent point à la parole, ils soient gagnés sans parole par la conduite de leurs femmes, en voyant votre manière de vivre chaste et réservée. » 1 Pierre 3 :1

Ici on voit une situation particulière d'une épouse dont le mari n'est pas croyant. Aujourd'hui encore, il arrive souvent que la femme seule soit convertie et que le mari reste incrédule. L'épouse se retrouve constamment face à des moments perturbants où sa foi est mise à l'épreuve. Doit-elle quand même se soumettre à son époux ? L'apôtre Pierre illustre que par sa conduite elle peut « gagner » son mari. En examinant la conduite pure de son épouse, le mari pourra être exposé à cette vie séparée du péché. *« Car le mari non-croyant est sanctifié par la femme »* 1 Corinthiens 7 :14

Le troisième point est que la femme est un don de Dieu pour l'homme. *Proverbes 18 :22* nous dit que *« Celui qui trouve une femme trouve le bonheur ; C'est une grâce qu'il obtient de l'Éternel. »* alors que *Proverbes 25 :24 dit Mieux vaut habiter à l'angle d'un toit, Que de partager la demeure d'une femme querelleuse.* Pareillement dans *Proverbes 21 :19 Mieux vaut vivre dans un coin désert qu'avec une femme querelleuse et irritable.* Ici, nous voyons comment la femme est contrastée de différentes manières et quand nous parlons qu'une femme est un don de Dieu, nous voulons bien dire une « bonne femme », une « bonne épouse ». On le confirme dans Proverbes 12 :4 qui dit : *« Une femme vertueuse est la couronne de son mari, Mais celle qui fait honte est comme la carie dans ses os ».* Donc, une bonne épouse fait naturellement du bien à son mari en étant cette femme pieuse et sage ; à l'opposer des termes comme querelleuses, irritable, déraisonnable et bruyante.

Pour résumer, la femme a été créée pour le bonheur de l'homme et doit donc faire la joie de son mari dans tous les domaines de sa vie. Nous retrouverons dans les autres chapitres comment elle emmène le bonheur et le bienêtre dans la vie de son mari, sa famille et autour d'elle.

Proverbes 14 :1 « La femme sage bâtit sa maison, Et la femme insensée la renverse de ses propres main »

Chapitre 4

Laborieuse et Dévouée

« Elle se procure de la laine et du lin, et travaille d'une main joyeuse. » Proverbes 31 :13

À l'époque de l'Ancien Testament, on ne trouvait pas de boutiques qui vendaient des vêtements, des couvertures et des articles de maison. La provision de ces articles se faisait par le tissage et la couture. C'était un art d'habilité qui demandait le savoir-faire et de la discipline. À savoir qu'avant le tissage, il y a toute une préparation de matériaux à effectuer qui n'est pas toujours facile. Comme le dit bien le verset : « Elle se procure de la laine et du lin ». La procuration des matières est très importante et se fait toujours en fonction du projet envisagé et on doit prendre en compte les différentes caractéristiques du matériel comme sa composition, sa torsion, sa qualité et entre autres. Par exemple, la laine est un excellent choix pour le tissage, car elle est douce, chaude et facile à travailler. Ensuite, vient l'étape cardage où les fibres brutes sont peignées pour aligner les fibres et éliminer les impuretés. Cela forme un ruban de fibres prêt à être filé. Le filage transforme ensuite ce ruban de fibres en un fil continu. Traditionnellement, cela se faisait à la main avec un fuseau ou une roue à filer. Ce processus est clairement long et minutieux et requiert beaucoup de patience et d'attention. Néanmoins, après cette préparation du métier, le tissage peut débuter et formera ensuite le tissu qui sera enfin prêt pour la couture.

La femme s'exerçant à cette tâche démontre beaucoup de qualités de caractère qui peuvent nous éblouir.

Premièrement, elle fait le meilleur choix et veut le mieux pour sa famille. À l'époque, certaines cultures ont commencé à exploiter la laine pour ses propriétés isolante et sa douceur inégalée. La laine était un précieux trésor, réservée aux élites et aux nobles. Elle était utilisée pour créer des vêtements chauds et durables essentiels pour la survie dans des environnements variés. Or, le lin a été toujours apprécié pour son côté extrêmement léger, pratique et multi-usages. C'est une matière très isolante offrant une excellente respirabilité. Il donne une sensation de fraicheur en été et conserve la chaleur en hiver. À vrai dire, cette femme, dotée d'une si grande sagesse sait ce qui est mieux pour le confort et le bienêtre des membres de sa famille.

Deuxièmement, on voit le dur labeur de cette femme malgré les étapes difficiles et la complexité des tâches. Elle n'est pas inoccupée. Elle initie et cherche à être productive sans se trouver des excuses. On voit comment elle n'attend pas que les matériaux se présentent. Elle est indépendante, autonome et responsable. Elle sait ce qu'elle doit faire. Une femme vertueuse n'hésite pas à se salir les mains et à travailler fort au travail manuel. Elle n'a pas d'illusion ni de prétention sur son rôle. Elle sait que la productivité et la richesse commencent avec ses mains.

La troisième et plus essentielle partie est que cette femme garde un esprit satisfait et joyeux. Elle est heureuse de faire tout ce qui est nécessaire pour que sa famille soit à l'aise. Elle a une attitude positive. Elle n'agit pas uniquement par obligation, mais travaille avec plaisir sans se plaindre. Le contraire serait une mauvaise éthique de travail ou une attitude réticente et de relâche. Dans Proverbes 18 :9, il est dit que « *Celui qui se relâche dans son travail est frère de celui qui détruit.* »

Pour conclure, ce verset est un excellent exemple et nous rappelle que nous devons nous-mêmes travailler volontairement, à la fois dans nos cœurs et dans nos actions, pour notre famille et notre foyer comme pour plaire au Seigneur, peu importe ce que nous ressentons (fatigué, agacé, dépassé, etc.). Le travail nous pousse à lui rendre gloire lorsque nous voyons les résultats et ses provisions. Donc, pour nous, travailler volontairement signifie que nous voyons vraiment le plan que Dieu a prévu pour nous – devenir de plus en plus comme lui. Il nous appelle à le servir dans la puissance du saint esprit avec joie, non par la force de la loi, ni par crainte du châtiment, pas avec des vues égoïstes mercenaires, mais avec amour, volontairement en vue de sa gloire et faire toutes choses (Ephésiens 6 :7) « *non pas seulement sous leurs yeux, comme pour plaire aux hommes, mais comme des serviteurs de Christ, qui font de bons cœurs la volonté de Dieu.* »

21

Philippiens 2 : 14 : « Faites toutes choses sans murmures ni hésitations, afin que vous soyez irréprochables et purs, des enfants de Dieu irrépréhensibles au milieu d'une génération perverse et corrompue, parmi laquelle vous brillez comme des flambeaux dans le monde, portant la parole de vie ; et je pourrai me glorifier, au jour de Christ, de n'avoir pas couru en vain ni travaillé en vain. Et même si je sers de libation pour le sacrifice et pour le service de votre foi, je m'en réjouis, et je me réjouis avec vous tous. Vous aussi, réjouissez-vous de même, et réjouissez-vous avec moi

Chapitre 5

Sacrificielle et Serviable

« Elle se lève lorsqu'il est encore nuit, et elle donne la nourriture à sa maison et la tâche à ses servantes. »
Proverbes 31 :15

Le mot sacrificiel est dérivé du mot *sacrifice* avec le suffixe *iel*. Au sens figuré, le mot « sacrifice » signifie un renoncement volontaire à quelque chose de couteux par amour pour autrui ou pour une cause supérieure. Dans ce verset, nous voyons clairement un acte sacrificiel où la femme vertueuse se lève très tôt en échange de son sommeil. C'est une privation qu'elle s'impose et accepte par amour avec le but de servir. En scrutant le sens même de ce verset, on aperçoit les valeurs qui découlent de la femme vertueuse : La maitrise de soi, la servitude et le leadership.

La maitrise de soi est la capacité de contrôler ses émotions, ses pensée et ses attitudes faces aux tentations et aux impulsions. C'est un processus cognitif essentiel pour réguler son comportement afin d'atteindre des objectifs spécifiques.

Elle a pour synonyme « auto-discipline », qui implique de l'engagement et de la responsabilité personnelle. Forcément, le fait de pouvoir se réveiller pendant la nuit alors que tout le monde est censé dormir demande un exercice mental et physique sur soi-même. La maitrise de soi est souvent associée à une mise à mort de la chair, de sa volonté et de ses envies. Nous voyons ici, comment cette femme est maitre d'elle-même et de son esprit. Les écritures nous expliquent dans 2 Pierre 1 : 5 « *Pour cette raison même, faites tous vos efforts pour ajouter à votre foi la vertu, à la vertu la connaissance, à la connaissance la maîtrise de soi, à la maîtrise de soi l'endurance dans l'épreuve, à l'endurance la piété* ». Sans oublier que « la maitrise de soi » est mentionnée comme un des fruits de l'esprit dans Galates 5 : 22 : « Mais le fruit de l'Esprit est : amour, joie, paix, patience, bonté, bienveillance, fidélité, douceur, maîtrise de soi ». Nul ne peut y parvenir dans sa propre force. C'est seulement possible avec l'aide du Saint-Esprit.

La deuxième partie de ce verset illustre un cœur de serviteur. Cette femme se sacrifie pour se lever la nuit pour justement donner à manger à sa maison. Nous comprenons qu'elle se lève pour préparer les repas pour les membres de sa maison qui incluent sans doute ses servantes. Cela pourrait expliquer pourquoi elle se lève aussi tôt. Son intention est tout simplement de servir. Le terme « servir » par définition signifie se mettre à disposition, s'occuper de quelqu'un ou être utile en proposant son aide. En vérité, le don de service ne peut pas être fabriqué. Il est offert par Dieu dans la puissance du saint esprit. Un cœur de serviteur est souvent relié à un cœur humble, façonné par Dieu. Il est un des attributs primordiaux qui définissent le Seigneur Jésus et le plan de Dieu est que nous soyons tous conformes à lui. « *Mais quiconque veut être grand parmi vous, qu'il soit votre serviteur ; et quiconque veut être le premier parmi vous, qu'il soit votre esclave. C'est ainsi que le Fils de l'homme est venu, non pour être servi, mais pour servir et donner sa vie comme la rançon de plusieurs.* » *Matthieu 20 :26* Malgré le fait que cette femme a des servantes qui travaillent pour elle, elle veut donner à manger elle-même à sa maison. Il est clair que cette femme veut glorifier Dieu, le témoigner à travers son service et être un instrument utile.

La troisième valeur est le « Leadership ». Le leadership détermine la capacité d'une personne à inspirer et influencer les autres pour aboutir à un but commun. Être un leader, c'est tirer profit d'un ensemble de compétences particulières incluant la communication, l'empathie et l'adaptabilité. À noter que le leadership n'est pas un trait de caractère inné. Même si certaines personnes profitent d'un leadership naturel, il s'agit plutôt d'un ensemble de compétences et d'attitudes que l'on peut accroitre et perfectionner. Un bon leader a certaines caractéristiques comme le charisme, l'intégrité, l'authenticité, l'empathie, la résilience, l'optimisme et la capacité de s'adapter. En outre, le leadership requiert une communication efficace qui repose sur : l'art de persuader, des capacités relationnelles, l'habileté de repérer et de maximiser les talents individuels et collectifs ainsi la capacité de motiver. Ainsi, nous voyons comment cette femme a cette même posture. Elle se réveille à la même heure que ses servantes ou même avant pour travailler avec eux et déléguer les tâches. Elle se met au service de son équipe, elle inspire la confiance et dirige en étant elle-même un exemple. Elle ne craint pas l'autonomie de ses servantes. Au contraire, elle les connait ainsi que leurs atouts et parvient à donner à chaque servante une tâche spécifique.

Finalement, le Seigneur nous appelle à avoir ce même cœur ; de servir volontairement avec humilité par amour pour lui et ne pas nous en servir de notre autorité pour détruire, mais au contraire pour construire et témoigner notre vie donnée à Christ. *Matthieu 23:11-12 "Le plus grand d'entre vous sera votre serviteur. Celui qui s'élève sera abaissé, et celui qui s'abaisse sera élevé."* Notre récompense est céleste et n'attendons aucune probation sur terre. Il est dit dans Colossiens 3 :23 : « *Tout ce que vous faites, faites-le de bon cœur, comme pour le Seigneur et non pour des hommes, sachant que vous recevrez du Seigneur l'héritage pour récompense.* »

Chapitre 6

Intelligente et Ingénieuse

Elle pense à un champ, et elle l'acquiert ; Du fruit de son travail elle plante une vigne. Proverbes 31 :16

Comment cette femme était à la fois intelligente et ingénieuse ?

Intelligent vient du mot *intellegens* « connaisseur » issu du verbe intellegere « comprendre ». Donc, une personne intelligente est une personne qui a la faculté de comprendre, de concevoir et de raisonner. En d'autres mots, elle fait preuve de discernement, de jugement et de bon sens. Elle a la capacité de choisir des moyens d'actions en fonction des circonstances.

Revenant à cette femme, nous pouvons nous poser la question d'où vient son intelligence ?

La bible nous le dit dans éphésiens 4 :23 « *On vous a enseigné à vous... laisser renouveler par l'Esprit dans votre intelligence...* » Et aussi dans Colossiens 3 :10 « *et ayant revêtu l'homme nouveau, qui se renouvelle, dans la connaissance, selon l'image de celui qui l'a créé ».* Nous voyons dans ces versets que le renouvellement de l'intelligence se fait par l'Esprit de Dieu et il faut savoir que nous ne parlons pas ici d'une intelligence mondaine. Le Seigneur nous l'enseigne dans Colossiens 2 :8 : *« Prenez garde que personne ne fasse de vous sa proie par la philosophie et par une vaine tromperie, s'appuyant sur la tradition des hommes, sur les rudiments du monde et non sur Christ »* sans oublier 1 Corinthiens 1 :19 : *« Je détruirai la sagesse des sages, Et j'anéantirai l'intelligence des intelligents ».* La femme vertueuse se laisse influencer par la voix de Dieu et prend toutes ses décisions sous sa directive.

Dans les cultures de l'Ancien Testament, les femmes n'avaient souvent pas le droit d'acheter ou de posséder directement des biens. Cependant, le mari confiant d'une femme pieuse (Proverbes 31 :10-12) pouvait la laisser prendre ce genre de décisions et s'occuper des affaires financières. Cela illustre une foi totale dans la vertu de son épouse. Toutefois, ce verset parle aussi d'une faculté ingénieuse de la femme concernant le commerce et sa responsabilité. Plutôt que d'être précipitée ou désinvolte, elle fait preuve d'ingéniosité à la transaction. Nous voyons comment après avoir acheté le champ, elle l'utilise pour un objectif productif en y plantant une vigne pour un avantage future récolte.

Ingénieux vient du mot latin ingeniosus, dérivé de ingenium (génie), formé à partir de in (en) et genius (génie). Ce terme signifie la possession d'un esprit inventif, rempli de ressources et trouve aisément des solutions appropriées à une situation quelconque. Une personne ingénieuse est dotée d'une grande imagination et d'une capacité d'innover. Joseph Joubert un moraliste français avait tout compris en partageant cette citation :

« Imaginez des corps lumineux et voyants. Tels sont les esprits qu'on appelle ingénieux. Il sort d'eux des rayons qui, en tombant sur les objets qu'ils examinent, les leur font voir plus clairement »

En d'autres termes, il parle de la capacité des esprits brillants à apporter de la clarté et de la compréhension aux sujets qu'ils explorent. En pensant à ce champ, cette femme vertueuse a déjà en esprit l'idée ingénieuse de le faire fructifier à long terme. Elle sait que cette idée vient de Dieu et que tout ce que Dieu fait est bon, même excellent. Sans se préoccuper des risques, elle n'hésite pas à investir son argent, car elle voit déjà le résultat dans ses pensées. Elle voit clairement l'avenir dans l'espoir que ce qu'elle sème aujourd'hui, elle en récoltera.

Dans le siècle présent, on se rend compte que cette vertu disparait et ne s'applique ni même dans certains foyers. Les couples ne discutent plus ensemble comment ils dépenseront les finances de leur ménage. Chacun fait ce qu'il veut et le Seigneur n'a aucun mot là-dedans. Les femmes ne consultent plus leurs maris et ces derniers n'ont plus confiance en elles. Ce sujet est malheureusement encore largement tabou. Nous apercevons comment ce verset recommande l'utilisation responsable des ressources ainsi que d'autres traits de caractère précieux. Un sage investissement est juste et bon.

Investir est effectivement nécessaire si cela est fait avec sagesse.

Ecclésiaste 11.1–6

« Jette ton pain sur la face des eaux, car avec le temps tu le retrouveras ; donnes-en une part à sept et même à huit, car tu ne sais pas quel malheur peut arriver sur la terre.3Quand les nuages sont pleins de pluie, ils la répandent sur la terre; et si un arbre tombe, au midi ou au nord, il reste à la place où il est tombé. Celui qui observe le vent ne sèmera point, et celui qui regarde les nuages ne moissonnera point. Comme tu ne sais pas quel est le chemin du vent, ni comment se forment clés os dans le ventre de la femme enceinte, tu ne connais pas non plus l'œuvre de Dieu qui fait tout. Dès le matin sème ta semence, et le soir ne laisse pas reposer ta main ; car tu ne sais point ce qui réussira, ceci ou cela, ou si l'un et l'autre sont également bons. »

Chapitre 7

Déterminée et Vaillante

Elle ceint de force ses reins, et elle affermit ses bras.
Proverbes 31 : 17

Ce verset illustre trois points essentiels : la volonté de prendre soin de soi, la détermination de s'aventurer et l'importance de se tenir prêt. Pourquoi cette femme ceint de force ses reins et affermit ses bras ?

Elle trouve que c'est important de prendre soin d'elle et de sa santé. Mais il faut surtout connaître ses limites, connaître ses besoins et savoir ce qui nous satisfait. C'est de là que s'enchaînent alors les actions requises pour s'équiper et s'assurer de son bienêtre. Éphésiens 5 :29 nous dit : « *Car jamais personne n'a haï sa propre chair ; mais il la nourrit et en prend soin, comme Christ le fait pour l'Église* ». Cette femme connait la carence de son corps, et comment elle doit ceindre ses reins avant de pouvoir entamer un travail rude et fatigant. À cette époque, certaines personnes utilisaient des

31

ceintures de soutien lombaire pour travailler. L'idée était que cela aiderait à soulager la douleur et à prévenir les maux de dos.

On voit dans le verset comment cette femme est consciente des impacts et comment elle veut se mettre à l'abri de toute forme d'impertinence sur son corps. Elle sait qu'elle appartient à Dieu et que son corps est un instrument pour le servir et le glorifier. 1 Corinthiens 6 :19-20 : « *Ne savez-vous pas que votre corps est le temple du Saint-Esprit qui est en vous, que vous avez reçu de Dieu et que vous ne vous appartenez point à vous-mêmes ? Car vous avez été rachetés à un grand prix. Glorifiez donc Dieu dans votre corps et dans votre esprit, qui appartiennent à Dieu* »

En outre, on observe aussi une détermination de la part de cette femme à s'engager et s'aventurer. La détermination est la résolution qu'une personne prend après avoir calculé et balancé entre plusieurs partis. C'est un sentiment émotionnel positif qui favorise la persévérance vers un objectif difficile malgré les obstacles. La détermination sert à motiver un comportement en amont afin d'atteindre son objectif. Revenant au fait que cette femme dans le verset précèdent venait d'acheter un champ et qu'elle allait planter une vigne, on présume qu'elle entreprend ensuite plusieurs travaux manuels. Elle fait ce qui doit être fait, plutôt que de ne rien faire. Même si le travail n'est pas fascinant, elle s'applique avec enthousiasme et détermination. Elle ceint ses reins avec force, montrant qu'elle est résolue à toute bonne œuvre ; avec gaieté et promptitude. À l'époque on faisait mention du ceinturage et du relèvement de longs vêtements, lorsque tout travail était entrepris sérieusement et qui nécessitait la

diligence ; voir Luc 17 :8: « *Ne lui dira-t-il pas au contraire:*
Prépare-moi à souper, ceins-toi, et sers-moi, jusqu'à ce que
j'aie mangé et bu; après cela, toi, tu mangeras et boiras? » ;
la force étant dans les reins, Job 40 :16 : « *Le voici ! Sa force*
est dans ses reins, Et sa vigueur dans les muscles de son ventre
».

Donc, on comprend que cette femme vertueuse entreprend
son travail avec une grande passion et y met toute sa force.
Elle aime ce qu'elle est appelée à faire. Elle n'a pas besoin
qu'on l'encourage constamment ou l'oblige à s'y prendre. Elle
est libre et entame son travail avec amour et rigueur. Seul de
cette manière qu'elle trouvera satisfaction et le fruit de son
travail. Proverbes 10 : « *Celui qui agit d'une main lâche*
s'appauvrit, Mais la main des diligents enrichit »

Dans la bible, on voit à plusieurs endroits l'expression «
ceindre ses reins ». Majoritairement elle signifie, au figuré, «
se tenir Prêt ». *« Elie se ceignit les reins et courut »* (1Rois
18.46). *« Elisée dit à Guéhazi Ceins tes reins et part »* (2Rois
4.29).   En d'autres mots on conçoit, dans notre verset
principal, que cette femme se tient prête et se prépare avant
d'entamer son travail. On peut le voir de deux différentes
manières. Premièrement, se tenir prêt physiquement avec la
volonté de prendre soin de soi, de s'équiper et de se rendre
plus fort. Deuxièmement, ce que nous verrons dans ce
paragraphe ; se tenir prêt « en esprit ». La bible nous le décrit
dans deux versets : Dans Luc 12 :35, Jésus dit : « *Que vos reins*
soient ceints, et vos lampes allumées », et dans 1 Pierre 1 :13
: « *C'est pourquoi, ceignant les reins de votre esprit, soyez*

33

sobres et placez votre espérance parfaitement dans la grâce qui vous sera apportée lors de la révélation de Jésus-Christ. » Ces deux phrases veulent simplement signifier de garder notre esprit en alerte prêt à tout, mais aussi de maintenir un esprit disposé prêt à mettre à mort sa volonté et toute pensée qui ne vient pas de Dieu. Et cela peut également se traduire par une vie tempérante et réfléchie, les yeux fixés sur le but qui nous attend en reposant son espérance dans la richesse de la grâce de Dieu et non sur les distractions du monde.

C'est ainsi que la femme vertueuse se tient prête pour faire face à n'importe quelle épreuve gardant ses yeux fixés sur Christ et la bonté du Seigneur. Éphésiens 4 :17 : *"Voici donc ce que je dis et ce que je déclare dans le Seigneur, c'est que vous ne devez plus marcher comme les païens, qui marchent selon la vanité de leurs pensées."*

Chapitre 8

Généreuse et Compatissante

« Elle tend la main au malheureux ; Elle tend la main à l'indigent » Proverbes 31 : 20

Ce verset met en évidence la générosité et la compassion de la femme vertueuse. « La générosité » dans le dictionnaire est invraisemblablement définie comme un « oubli de soi », « Une qualité à s'occuper des autres sans préoccupation d'intérêt personnel » et une « disposition à donner largement avec libéralité ». On comprend que cette femme ne se soucie pas uniquement de sa propre maison et ses besoins, mais elle tend également la main à ceux qui en nécessitent. Elle se soucie encore moins à nourrir son orgueil et son luxe. C'est une réflexion d'un cœur de bonté et une volonté de soutenir les autres. Dans la bible, la générosité était recommandée dans l'ancien testament comme dans le nouveau. La générosité envers le prochain est, dans tout l'Ancien Testament, la marque d'une piété authentique. Le croyant est invité à ne pas « endurcir son cœur », ni à « fermer sa main » devant les situations de besoin. Deutéronome 15.7 : « S'il y a chez toi quelque indigent d'entre tes frères, dans l'une de tes portes, au pays que l'Éternel, ton Dieu, te donne, tu n'endurciras point ton cœur et tu ne fermeras point ta main devant ton frère indigent ». On constate dans ces versets l'insistance de Dieu à nous mettre à part volontairement et sans relâche pour le bienêtre des autres. Dans 2 Corinthiens 9 :6 du nouveau testament nous voyons comment la générosité engendre à son tour des fruits. *« Rappelez-vous : Semence parcimonieuse, maigre récolte. Semence généreuse, moisson abondante. Que chacun donne ce qu'il aura décidé en son cœur, sans regret ni contrainte, car Dieu aime celui qui donne avec joie. Il a aussi le pouvoir de vous combler de toutes sortes de bienfaits : ainsi vous aurez, en tout temps et en toutes choses, tout ce dont vous avez besoin, et il vous en restera encore du superflu pour toutes sortes d'œuvres bonnes, ainsi qu'il est écrit :Il donne aux pauvres avec largesse, et sa conduite juste sera pour toujours prise en compte. Celui qui fournit la semence au semeur et lui donne le pain dont il se nourrit vous donnera aussi, avec largesse, toute la semence nécessaire et fera croître les fruits de votre générosité »*

L'expression « tend les mains » suggère une participation active à l'aide aux pauvres et aux nécessiteux. Il ne s'agit pas seulement de donner de l'argent, mais aussi d'offrir du temps, des efforts et des soins. À vrai dire, la générosité véritable transcende la simple transaction matérielle. Elle est tout simplement l'expression d'un cœur transformé par la grâce de Dieu. On peut lier cette vertu aux attributs de la « compassion ». Son origine remonte au latin tardif : cum patior, « je souffre avec » et du grec συμ πάθεια , sym patheia, sympathie. Donc, la compassion est un sentiment par lequel une personne est portée à ressentir la souffrance d'autrui et poussée à y remédier, par amour. On comprend dans la parole de Dieu que chaque personne a été créée à l'image de Dieu et que tout prochain quel qu'il soit, a de la valeur aux yeux de Dieu. Proverbes 14 : 31 nous le confirme « Opprimer le pauvre, c'est outrager celui qui l'a fait, mais avoir de la compassion pour les indigents, c'est l'honorer. » Ainsi la compassion est une des vertus de Dieu et elle s'étend à tous. Psaume 145 : « *L'Éternel est miséricordieux et compatissant, Lent à la colère et plein de bonté. L'Éternel est bon envers tous, Et ses compassions s'étendent sur toutes ses œuvres* » Reconnaître cela force à avoir des considérations et un souci généreux envers tous ceux que Dieu aime, sans égard des différences sociales ou nationales Proverbes 22 : 2 : « *Le riche et le pauvre se rencontrent ; C'est l'Éternel qui les a faits l'un et l'autre* ». Deutéronome 10 :18 : « *Car l'Éternel, votre Dieu, est le Dieu des dieux, le Seigneur des seigneurs, le Dieu grand, fort et terrible, qui ne fait point acception des personnes et qui ne reçoit point de présent, qui fait droit à l'orphelin et à la veuve, qui aime l'étranger et lui donne de la nourriture et des vêtements* » On est appelé à aimer notre prochain comme soi-même et si nous le faisons correctement, cela se transforme instinctivement dans une attitude de compassion. Lévitique 19 : 18 : « *Tu ne haïras point ton frère dans ton cœur ; tu auras soin de reprendre ton prochain, mais tu ne te chargeras point d'un péché à cause de lui. Tu ne te vengeras point, et tu ne garderas point de rancune contre les enfants de ton peuple. Tu aimeras ton prochain comme toi-même. Je suis l'Eternel.* »

On comprend que la générosité et la compassion sont des expressions d'amour. Mais peut-on être généreux ou rempli de compassion sans aimer : par refus de l'injustice, par répulsion du malheur, par mauvaise conscience ? Tout individu n'est-il pas capable de générosité ou de compassion, quand il est poussé par amour pour l'autrui ? L'amour englobe en lui-même toutes les vertus. Si on est sans reproche dans l'amour, nous le sommes aussi dans toutes les vertus. La générosité et la compassion sont ainsi incluses dans l'amour. Cependant, sans générosité et compassion, l'amour s'affaiblit et s'épuise. Elles sont sous forme de langage relationnel et complémentent l'amour. Pour exister, l'amour a besoin de s'exprimer par les dons de Dieu. Pour conclure, l'amour est le cœur même de l'évangile et il caractérise la nature de Dieu. Contrairement aux conceptions humaines de l'amour, souvent aléatoires et conditionnelles, l'amour céleste se différencie par son inconditionnalité et sa ténacité. L'amour de Dieu n'est pas simplement une réponse à la bonté intrinsèque ou à la valeur des personnes. Au contraire, Il aime parce que cela convient à sa nature. La plus grande déclaration d'amour inconditionnel de Dieu se trouve dans le don de Son Fils, Jésus-Christ. Comme l'indique Jean 3 :16 : « *Car Dieu a tant aimé le monde qu'il a donné son Fils unique, afin que quiconque croit en lui ne périsse point, mais qu'il ait la vie éternelle* ». Cet acte d'amour dépasse toute compréhension humaine, offrant le salut et la vie éternelle à tous, indépendamment de leurs mérites ou de leurs actes. Par la croix, l'amour de Dieu s'est révélé pleinement, non seulement en pardonnant le péché de l'humanité, mais en restaurant la relation brisée entre l'homme et son créateur. C'est que de cette manière que nous arrivons à aimer en retour. C'est de là, que découlent les vertus de la femme qui aime. Nous ne pouvons offrir que ce que nous avons d'abord reçu.

    1 Chroniques. 29 : 14 : « *...tout vient de toi, et nous recevons de ta main ce que nous t'offrons.* »

Chapitre 9

Confiante et Foi en Dieu

« Elle est revêtue de force et de gloire, et elle se rit de l'avenir. » Proverbes 31 :25

« Revêtir » verbe transitif « de vêtir » est de mettre sur soi un vêtement, un habit d'apparat ou une tenue spéciale. Il convient de noter que les Écritures utilisent souvent les vêtements pour symboliser l'état spirituel d'une personne. Par exemple, Adam et Ève se sont couverts de feuilles de figuier non seulement pour couvrir littéralement leur nudité, mais aussi pour couvrir symboliquement la honte qui les a saisis après avoir désobéi à Dieu. Genèse 3:7-8 : *« Les yeux de l'un et de l'autre s'ouvrirent, ils connurent qu'ils étaient nus et ayant cousu des feuilles de figuier, ils s'en firent des ceintures. »* Revenant au verset de Proverbes 31 :25, on décrit cette femme en étant « revêtue de ». Cela signifie qu'elle démontre ou irradie ces qualités : Force et Gloire. En d'autres termes, ce ne sont pas des caractéristiques superficielles, elles sont ancrées dans ce qu'elle est. Elle s'est façonnée avec force et dignité. Ce sont les qualités que les gens remarquent chez elle et qui les impressionnent. Sa force indique une femme de caractère qui s'occupe de ses responsabilités et fait des choix judicieux. Elle a une excellente éthique de travail et un esprit intègre. Sa dignité fait référence au fait qu'elle est digne d'honneur. En d'autres termes, elle s'efforce toujours de refléter la gloire de Dieu dans sa façon d'agir. La femme de Proverbes 31 gère toujours de ses responsabilités et fait preuve de respect pour Dieu.

De plus, la force que nous citons ici n'est pas du corps, mais de l'esprit. La femme vertueuse est revêtue de force, comme on dit que son Seigneur l'est. Psaumes 93 :1 : « *L'Éternel règne, il est revêtu de majesté, L'Éternel est revêtu, il est ceint de force* » ; car, bien qu'elle soit faible en elle-même, elle est cependant forte en lui ; et elle est capable de tout supporter et de tout faire, avec une force d'esprit pour résister à tout ennemi et persévérer dans le bien. Elle est revêtue de « l'honneur » ; avec des vêtements honorables, convenables à sa dignité ; en drap d'or ; avec les vêtements du salut et la robe de la justice ; et elle se réjouira dans le temps à venir.

Ainsi, Éphésiens 6 :10 nous enseigne comment nous devons nous revêtir de toutes les armes de Dieu pour nous fortifier.

« Au reste, fortifiez-vous dans le Seigneur et par sa force toute-puissante. Revêtez-vous de toutes les armes de Dieu, afin de pouvoir tenir ferme contre les ruses du diable. Car nous n'avons pas à lutter contre la chair et le sang, mais contre les dominations, contre les autorités, contre les princes

41

de ce monde de ténèbres, contre les esprits méchants dans les lieux célestes. C'est pourquoi, prenez toutes les armes de Dieu, afin de pouvoir résister dans le mauvais jour, et tenir ferme après avoir tout surmonté... »

C'est de cette manière que le Seigneur nous appelle à nous revêtir de sa force et de sa gloire. Comment s'armer ? Les armes sont décrites dans les versets 14 à 17 d'Éphésiens 6 :10 : *« Tenez donc ferme : ayez à vos reins **la vérité** pour ceinture ; revêtez la cuirasse de **la justice** ; mettez pour chaussure à vos pieds **le zèle** que donne l'Évangile de paix ; prenez par-dessus tout cela **le bouclier de la foi**, avec lequel vous pourrez éteindre tous les traits enflammés du malin ; prenez aussi le **casque du salut**, et **l'épée de l'Esprit**, qui est **la parole de Dieu**. »*

La deuxième partie dit : « Elle se rit de l'avenir ». Qu'est-ce que cela veut dire ?

Par-dessus tout, cette femme s'en remet entièrement à Dieu et à sa sagesse. Ce genre d'attitude permet de rire de l'avenir. Cela ne signifie pas qu'elle est négligente, mais plutôt qu'elle a une vision optimiste de la vie et son avenir. Elle travaille avec diligence et n'a pas besoin de s'inquiéter parce que Dieu est aux commandes. Elle a foi en Dieu. C'est l'image d'une femme pleine d'espoir qui est en paix. Elle est préparée et est fidèle à ce que Dieu lui donne. C'est vraiment l'attribut principal qui est loué tout au long de Proverbes 31, celui qui fait confiance à Dieu. La raison pour laquelle elle peut rire et trouver du plaisir est qu'elle fait confiance à la provision de Dieu. C'est une promesse que l'on trouve tout au long de l'Écriture. Nous pouvons trouver la paix et la joie en Dieu parce qu'il pourvoit aux besoins de ses enfants. Jérémie 29 :11 *« Oui, moi, le Seigneur, je connais les projets que je forme pour vous. Je le déclare : ce ne sont pas des projets de malheur, mais des projets de bonheur. Je veux vous donner un avenir plein d'espérance. »*

Est-ce que matérielle ? Loin de là.

Mais qu'elle est cette destinée que Dieu prépare en avance pour ses enfants ?

Le plan de Dieu implique une récompense pour ceux qui se confient en lui. Il a promis de glorifier ses enfants. 1 Corinthiens 2 :7 nous dit : *« Non, nous annonçons la sagesse de Dieu mystérieuse et cachée, celle que Dieu, avant tous les temps, avait préparée d'avance pour notre gloire. [...] Mais, comme il est écrit, ce que l'œil n'a pas vu, ce que l'oreille n'a pas entendu, ce qui n'est pas monté au cœur de l'homme, Dieu l'a préparé pour ceux qui l'aiment. »*

Cette récompense est l'héritage de la gloire céleste du don de la vie éternelle.

Colossiens 3 :23-24 « Tout ce que vous faites, faites-le de bon cœur, comme pour le Seigneur et non pour des hommes, sachant que vous recevrez du Seigneur l'héritage pour récompense. Servez Christ, le Seigneur. »

Chapitre 10

Sage et Aimable

« Elle ouvre la bouche avec sagesse, et des instructions aimables sont sur sa langue » Proverbes 31 :26

La sagesse (équivalent en grec ancien σοφία / sophía en hébreu, chachemah.) est une notion utilisée pour définir le comportement d'une personne, souvent conforme à une éthique, qui allie la conscience de soi et d'autres principes comme la tempérance, la discrétion, la sincérité, le discernement et la justice s'appuyant sur un savoir réfléchi. Parfois, nous croyons que la sagesse consiste dans l'accumulation d'une étonnante somme de connaissances. Cela nous amène automatiquement à penser que toute personne cultivée est forcément intelligente et sage. Pourtant, nous savons tous très bien que l'instruction n'est pas une garantie de sagesse.

Il existe aussi cette sagesse du monde qui repose sur la connaissance que l'homme obtient à travers sa compréhension. C'est cette sagesse qui fait l'arrogance de l'homme moderne. Par elle, il croit être survenu à s'affranchir de Dieu. Or, nous savons que cette sagesse est vulnérable et variable parce qu'elle est conçue sur l'homme qui est lui-même vulnérable et variable. En ce qui concerne sa valeur, voici ce que Dieu en dit dans 1 Corinthiens 1 :20-21 *: « Où est le sage ? où est le scribe ? où est le disputeur de ce siècle ? Dieu n'a-t-il pas convaincu de folie la sagesse du monde ? Car puisque le monde, avec sa sagesse, n'a point connu Dieu dans la sagesse de Dieu, il a plu à Dieu de sauver les croyants par la folie de la prédication. »*

La Parole de Dieu mentionne beaucoup la sagesse. Or, elle la décrit d'une manière bien distincte de celle de ce monde. Ce que le monde appelle sage, la Parole l'appelle insensé : « *Celui qui est sage de cœur reçoit les préceptes, mais celui qui est insensé des lèvres, court à sa perte.* » (Proverbes 8 :10) « *La voie de l'insensé est droite à ses yeux, mais celui qui écoute les conseils est sage.* » (Proverbes 12 :15) « L'insensé *même, quand il se tait, passe pour sage ; celui qui ferme ses lèvres est un homme intelligent.* » (Proverbes 17 :28). En parcourant scrupuleusement les trois versets, on comprend ce qu'est réellement la sagesse. Contrairement à l'impression répandue, le sage n'est pas forcément quelqu'un qui connait beaucoup de choses, mais plutôt celui qui n'est pas certain de bien savoir ce qu'il sait. Le sage est prudent ; c'est ainsi qu'il n'ouvre pas la bouche trop hâtivement de peur d'avoir l'air d'un insensé. L'insensé, lui, parle beaucoup parce qu'il croit savoir quelque chose. C'est seulement lorsqu'il ferme la bouche qu'il semble sage.

De la même façon, quand cette femme vertueuse ouvre la bouche, elle s'exprime d'une manière discrète et prudente ; pas de choses folles, frivoles et insignifiantes, mais d'importance et d'utilité pour les autres. Elle n'utilise pas sa bouche pour critiquer, juger et s'impliquer dans les commérages. Mais toute parole qui sort de sa bouche est mesurée, réfléchie et sert à édifier tous ceux autour d'elle. Proverbes 4 :7 nous dit : *« Voici le commencement de la sagesse : Acquiers la sagesse, Et avec tout ce que tu possèdes acquiers l'intelligence. Exalte-la, et elle t'élèvera ; Elle fera ta gloire, si tu l'embrasses. »* Par conséquent, parler avec sagesse signifie partager des idées qui sont fondées sur une compréhension profonde de la volonté de Dieu et des besoins de ceux qui nous entourent. De là, s'appuie la deuxième partie de ce verset : *« des instructions aimables sont sur sa langue »*.

Une instruction fidèle indique que les enseignements de la femme vertueuse ainsi que ses conseils sont fiables et dignes de confiance. Cela suggère une cohérence dans son enseignement qui s'aligne sur la vérité de la parole de Dieu. Cette idée est soutenue par Jacques 3 :17, qui dit : *« La sagesse d'en haut est premièrement pure, ensuite pacifique, modérée, conciliante, pleine de miséricorde et de bons fruits, exempte de duplicité, d'hypocrisie. »*. Son enseignement ne se porte pas pour sa propre gloire, mais est donné dans l'intention d'aider les autres, avec une immense gentillesse et incomparable amabilité. Il faut savoir que les mots sont tout ce qu'il y a de plus importants en matière de communication - ils exercent une influence considérable sur tout. Dans les moments de détresse ou d'épreuve, les mots aimables peuvent apporter du réconfort tout en renforçant la confiance entre les individus. Ils ont une qualité presque magique, qui réconforte à la fois celui qui les prononce et celui qui les reçoit.

Philippiens 4 : 4 « Réjouissez-vous en tout temps de tout ce que le Seigneur est pour vous. Oui, je le répète, soyez dans la joie. Faites-vous connaître par votre amabilité envers tous les hommes. Le Seigneur est proche. »

Chapitre 11

Responsable et Consciencieuse

« Elle veille sur ce qui se passe dans la maison, et elle ne mange pas le pain de paresse. » Proverbes 31 :27

« Veiller sur » a pour synonymes « S'occuper de », « faire attention à », « surveiller », « protéger », « prendre soin de » ou même « assurer le bienêtre de ». Nous voyons donc ici comment l'accent est mis sur le soin attentif de la femme vertueuse pour son foyer. L'expression « Elle veille sur ce qui se passe dans la maison » indique qu'elle prend beaucoup de soin et d'attention dans la gestion de tous les aspects de sa maison. Cela comprend la surveillance du bien-être physique et émotionnel des membres de sa famille, ainsi que la gestion diligente des affaires pratiques de la maison. On souligne aussi l'importance du rôle d'une femme au sein du foyer et sa responsabilité de surveiller à ce que les besoins de sa famille soient satisfaits et non négligés.

De plus, la deuxième partie du verset, « et ne mange pas le pain de paresse », renforce l'idée de l'éthique de travail diligent de la femme. L'expression « pain de paresse » suggère qu'elle ne participe pas à l'inactivité, mais qu'elle poursuit plutôt ses tâches avec détermination et engagement. Une femme sage est prudente et rachète son temps. Éphésiens 5 :15-16 : « *Prenez donc garde de vous conduire avec circonspection, non comme des insensés, mais comme des sages ; rachetez le temps, car les jours sont mauvais. C'est pourquoi ne soyez pas inconsidérés, mais comprenez quelle est la volonté du Seigneur.* ». La femme considérée inspecte sa famille sous tous les angles. Elle ne jette pas un coup d'œil superficiel et ne rate aucun détail. Elle n'a pas besoin qu'on lui dise quoi faire. Elle prend des initiatives et n'attend pas qu'un besoin se développe pleinement pour le couvrir. Proverbes 13 :4 mentionne que : « *Le paresseux éprouve des désirs mais n'arrive à rien, alors que les aspirations des gens actifs seront comblées* »

La signification symbolique du verset principal réside aussi dans sa représentation des qualités et des attributs qui sont estimés dans la vision biblique de la féminité. La femme est souvent considérée comme un modèle de vertu, de force et de sagesse et son portrait reflète la compréhension biblique du rôle des femmes au sein de la famille et de la société. Ce passage souligne l'idée que les femmes sont appelées à contribuer au bien-être de leur foyer par la diligence, l'attention et le travail acharné. Il souligne également l'importance du rôle d'une femme en tant que nourricière et pourvoyeuse, en mettant l'accent sur la valeur de son travail au sein du foyer.

Dans l'ensemble, Proverbes 31 :27 présente un portrait puissant des vertus de la diligence, de la conscientisation, de la responsabilité et des soins dévoués dans le contexte du foyer. Autant plus, la parole de Dieu indique que la mission principale de la femme est sa sainteté et son dévouement aux devoirs qu'elle a envers sa maison, son mari et ses enfants.

« Dis que les femmes âgées doivent aussi avoir l'extérieur qui convient à la sainteté, n'être ni médisantes, ni adonnées au vin; qu'elles doivent donner de bonnes instructions, dans le but d'apprendre aux jeunes femmes à aimer leurs maris et leurs enfants, à être retenues, chastes, occupées aux soins domestiques, bonnes, soumises à leurs maris, afin que la parole de Dieu ne soit pas blasphémée. » Tite 2 :3

La femme vertueuse prend conscience de l'importance de ses obligations et de ses responsabilités chez elle. Elle qui accepte avec joie et crainte les tâches qui lui surviennent comprend que c'est Dieu qui lui a donné une œuvre à accomplir. Elle n'épuise pas ses forces et ne laisse pas dormir ses talents en s'en remettant complètement à son époux. Sa personnalité ne se dissout pas en lui. Elle détient aussi le pouvoir de modeler le caractère de ses enfants, afin de les préparer pour la marche chrétienne. Tout simplement le fait de prendre conscience de cette tâche lui donne du courage. Elle se rend compte de la valeur de son travail et se revêt de toutes les armes de Dieu, afin de résister à la tentation de se conformer aux usages du monde. Sa mission concerne le temps présent et l'éternité. Elle est fidèle et sait que chaque instant compte. Dieu l'a appelé à cette mission et elle sait qu'elle demeure redevable à cet appel.

Dans la société présentement, les humbles devoirs de la femme, si souvent considérés comme une corvée désagréable devraient être envisagés comme un rôle noble et glorieux. La parole de Dieu n'a pas changé ni l'appel de Dieu sur la vie des femmes. La mission reste la même et toutes les femmes sont appelées à prendre leurs places peu importe le siècle dans lequel nous vivons et les conditions qui s'appliquent. L'Éternel est le même hier, aujourd'hui et pour toujours.

Chapitre 12

Bénie et Digne d'éloges

« Ses fils se lèvent et la disent heureuse, son mari aussi et il chante ses louanges : Plusieurs filles ont une conduite vertueuse ; Mais toi, tu les surpasses toutes » Proverbes 31 :28-29

Une paraphrase détaillée de ce verset signifie que les enfants de cette femme sont des témoins visuels journaliers de la conduite de leur mère et leurs témoignages sont autant plus considérables. Ils voient ses faiblesses sans doute mais bien plus ses vertus. Ainsi, ils la qualifient comme bienheureuse à la fois pour sa sainteté et pour les nombreux fruits heureux qu'ils recueillent de sa sage et pieuse éducation administrée. Nous voyons aussi un respect de la part de ses enfants et la relation qu'ils ont avec elle. Son mari se lève aussi pour témoigner de son excellence et il la loue à savoir, dans les mots suivants *« Plusieurs filles ont une conduite vertueuse ; mais tu les surpasses toutes »*. Son mari est tellement heureux et sanctifié de la conduite de son épouse qu'il ne manque pas de la flatter. Ses louanges sont proportionnées à ses multiples excellences réelles et veut l'encourager. Il sait que sa femme ne donne pas une impression de sainteté trompeuse. Au contraire, il atteste chaque jour la véracité des vertus de sa femme et peut en témoigner avec fierté.

Quel est le témoignage de la femme vertueuse dans sa famille ?

Matthieu 7 :16 :« Cueille-t-on des raisins sur des épines, ou des figues sur des chardons ? Tout bon arbre porte de bons fruits, mais le mauvais arbre porte de mauvais fruits. Un bon arbre ne peut porter de mauvais fruits, ni un mauvais arbre porter de bons fruits. Tout arbre qui ne porte pas de bons fruits est coupé et jeté au feu. C'est donc à leurs fruits que vous les reconnaîtrez. »

Une femme de vertus porte en elle les fruits de l'esprit et cela est visible à tous ceux qui l'entourent. De ses fruits, on atteste la pureté de son cœur. Galates 5 : 22-23 nous dit : « *Mais le fruit de l'Esprit c'est l'amour, la joie, la paix, la patience, la bonté, la bienveillance, la foi, la douceur, la maitrise de soi* ». On constate que ce verset parle d'un seul fruit. « Fruit » n'est pas écrit au pluriel. À vrai dire, le fruit de l'Esprit n'est rien d'autre que le caractère de Dieu. C'est la manifestation visible de la saine nature de Dieu dans la vie du croyant. Du coup, la femme vertueuse est une femme remplie de l'esprit saint et s'exerce à garder en elle tout simplement la nature de Dieu dans son foyer. Elle se soumet au contrôle de l'esprit pour être capable de résister aux désirs de sa chair. L'esprit de Dieu tient la première place dans sa vie, celle-ci est alors similaire à un sol fertile dans lequel l'Esprit peut produire son fruit. Galates 5 :17 : « *Car la chair a des désirs contraires à l'Esprit, et l'Esprit en a de contraires à la chair ; ils sont opposés l'un à l'autre, afin que vous ne fassiez pas ce que vous voudriez* ».

Mais est-ce que cette femme subit-elle de temps en temps de l'émondage ?

Quand une personne manifeste une foi véritable en Christ et qu'elle nait de nouveau par l'Esprit, cela ne veut pas dire qu'elle devient instantanément parfaite et remplie de vertus. Cette conversion prend place lorsque le saint Esprit au travers de la parole de Dieu commence à donner des coups de ciseau dans les attitudes et comportements qui ne viennent pas de Dieu. Cette personne manifeste ensuite peu à peu des signes croissants de fructification dans sa vie spirituelle. Du coup, l'émondage spirituel produit une plus grande évidence de la nature de Dieu amenant cette personne à la maturité spirituelle. La dépendance à Dieu augmente et cela emmène une plus grande mesure de sanctification.

Seulement cette sainteté qui au travers de la vie de cette femme illumine ceux autour d'elle. Une vie consacrée à Dieu reflète aux yeux des autres le genre d'amour qu'il a pour eux. Quand elle est l'expression de Dieu, ses oreilles entendent leurs cris, ses yeux voient leurs besoins, ses pieds s'entraînent pour les aider et elle tend ses mains vers eux pour en prendre soin. C'est de cette manière qu'elle peut être un témoignage vivant et un canal pour transmettre la vie de Christ. La fructification de cette femme devient une bénédiction pour sa famille et cette dernière reconnait les effets et rendent à leur tour gloire à Dieu.

Chapitre 13

Crainte de Dieu

« La grâce est trompeuse et la beauté est vaine ; La femme qui craint L'éternel est celle qui sera louée. » Proverbes 31 :30

« La grâce » par définition est une élégance naturelle manifestée par les manières ou discours d'une personne. « La beauté », elle, dans ce verset, illustre précisément une vive impression capable de susciter l'admiration en raison de ses qualités physiques et esthétiques supérieures dépassant la norme ou la moyenne. On comprend que ces deux termes, de la façon dont ils sont décrits donnent un aperçu visuel sur l'apparence d'une femme. Ces particularités d'apparence suscitent des réactions émotionnelles telles que l'admiration, le plaisir, ou l'émerveillement et sont souvent associés à des concepts tels que l'harmonie, l'équilibre et la proportion.

Mais le verset que nous analysons dans ce chapitre intitule que « La grâce est trompeuse » et « La beauté est vaine » qui veut dire que « les manières élégantes donnent une idée fausse de la réalité » et « L'apparence est vide de sens et sans fondement ». La grâce que peut démontrer une femme ou la beauté qu'elle peut avoir ne sont malheureusement pas les éléments qui définissent sa vraie nature. La grâce et la beauté peuvent être des attraits manipulateurs se portant vers un but égoïste et charnel, plutôt que de glorifier Dieu. Une femme peut parler avec éloquence ou même faire excellente impression pour gagner l'attention des autres, mais cela ne peut pas garantir une maturité spirituelle.

« La femme qui craint l'Éternel est celle qui sera louée ». Dieu n'approuve pas une femme parce qu'elle est dotée d'une apparence ou d'une grâce inexprimable. Dieu prend plaisir avec la femme qui est revêtue d'une pureté intérieure et extérieure ; une femme qui le craint. Craindre Dieu ne veut pas dire avoir peur de lui. La crainte de Dieu est le résultat d'un cœur sincère qui ancré réellement dans sa foi en Dieu, l'aime sans mesure. C'est un amour qui s'exprime par le respect, la soumission et l'obéissance. Craindre l'Éternel ; c'est simplement demeurer dans la dimension de l'Esprit Saint. C'est le fait d'être une offrande vivante en adoptant une attitude agréable à Dieu et de s'alimenter quotidiennement de sa parole. Telle est l'essence même de la crainte en Dieu. Ainsi est-il écrit dans 1 Thessaloniciens 4 :1: *«Au reste, frères, puisque vous avez appris de nous comment vous devez vous conduire et plaire à Dieu, et que c'est là ce que vous faites, nous vous prions et nous vous conjurons au nom du Seigneur Jésus de marcher à cet égard de progrès en progrès. »*

C'est ainsi que le Seigneur appelle les femmes à porter l'ornement de Sainteté. Il veut faire comprendre que la parure extérieure ne vaut rien à ses yeux et que cela ne doive pas être un critère de sélection pour définir la femme de valeur. Dans 1 Pierre 3 :3 il est écrit : « *Ayez, non cette parure extérieure qui consiste dans les cheveux tressés, les ornements d'or, ou les habits qu'on revêt, mais la parure intérieure et cachée dans le cœur, la pureté incorruptible d'un esprit doux et paisible, qui est d'un grand prix devant Dieu. Ainsi se paraient autrefois les saintes femmes qui espéraient en Dieu, soumises à leurs maris, comme Sara, qui obéissait à Abraham et l'appelait son seigneur. C'est d'elle que vous êtes devenues les filles, en faisant ce qui est bien, sans vous laisser troubler par aucune crainte.* » Dieu enseigne aux femmes de ne pas essayer d'attirer l'attention par leur parure et se laisser troubler par leurs apparences. Il nous enseigne à nous concentrer sur la vraie beauté ; cette pureté de cœur incorruptible, infaillible et immortelle.

Mais est-ce que vouloir être belle est un péché ? Non. Vouloir être belle pour la gloire de Dieu n'est pas du tout mal aux yeux de Dieu. La féminité en elle-même possède une grande quantité de qualités qui incluent la beauté. L'idée c'est d'approcher la beauté en second lieu. Quand une femme priorise sa relation avec Dieu et obtient un esprit doux et paisible avec l'aide du Saint esprit, elle ne peut s'empêcher de devenir plus belle. La beauté vient du cœur. Une femme qui émane l'amour respire la beauté. Elle devient de plus en plus attirante. Ce charme ne s'effacera jamais.

Pour finir, Dieu appelle toutes les femmes à la sanctification, non à l'impureté. Il les appelle à le glorifier dans leur corps et dans leur esprit en se respectant elles-mêmes et tous ceux qui les entourent. Depuis la création du monde, la femme a été la faiblesse de l'homme et depuis le commencement nous le voyons à plusieurs reprises dans la parole de Dieu. Aujourd'hui plus que jamais, cela est devenu une triste réalité. La société a apporté un couteau au cœur de la beauté. C'est pour cela que Dieu veut que ses filles soient des exemples dans ce monde ; qu'elles se sanctifient de plus en plus, qu'elles soient la lumière au milieu des ténèbres et qu'elles ne sont pas la raison de chute pour ceux qui les entourent.

1 Corinthiens 6 :18-20

Fuyez l'impudicité. Quelque autre péché qu'un homme commette, ce péché est hors du corps ; mais celui qui se livre à l'impudicité pèche contre son propre corps. Ne savez-vous pas que votre corps est le temple du Saint Esprit qui est en vous, que vous avez reçu de Dieu, et que vous ne vous appartenez point à vous-mêmes ? Car vous avez été rachetés à un grand prix. Glorifiez donc Dieu dans votre corps et dans votre esprit, qui appartiennent à Dieu.

Conclusion

« Récompensez-la du fruit de son travail, Et qu'aux portes
ses œuvres la louent » Proverbes 31 :31

La femme a été minutieusement façonnée et créée par la main
de Dieu. Depuis le commencement, Dieu a attribué à la femme
un rôle précieux à jouer auprès de l'homme et l'humanité.
Aujourd'hui encore la femme est appelée à prendre une place
importante au sein de l'église. Mais avant tout Dieu veut que
les femmes soient des modèles en tant que mères, épouses et
filles. Il les appelle à prendre position pour l'avancement du
Royaume de Dieu. Il veut les former, selon son cœur ;
Humble, pieuse et intègre comme le dit 1 Timothée 3 :11. Dieu
désire qu'elle soit soumise à lui, à Sa Seigneurie, à Sa
souveraineté ; soumise aussi à son mari que Dieu a désigné
comme étant le chef de famille, et soumise aux autorités. Il
veut la voir chérir la parole de Dieu, obéir et l'appliquer et
qu'elle soit un modèle en vertu, en sainteté, qui est consacrée.
Sa récompense est dite grande dans le ciel.

Le Seigneur est l'alpha et l'oméga, le commencement et la
fin. Il a tout prévu dans sa parole et il nous a fait don de la vie
éternelle à travers le sacrifice de son fils bien aimé, Jésus

Christ. Mais il rendra aussi à chacun, selon son œuvre et récompensera le travail de nos mains.

« Voici, je viens bientôt, et ma rétribution est avec moi, pour rendre à chacun selon ce qu'est son œuvre. Je suis l'alpha et l'oméga, le premier et le dernier, le commencement et la fin. Heureux ceux qui lavent leurs robes, afin d'avoir droit à l'arbre de vie, et d'entrer par les portes dans la ville »

www.ingramcontent.com/pod-product-compliance
Lightning Source LLC
Chambersburg PA
CBHW070451130626

46553CB00006B/2352

* 9 7 9 8 9 9 1 9 0 7 6 6 8 *